THIS BOOK

BELONG TO

○○○○○○○○○○○○○○○○○○○○○○○○○○○○○○

COLOR TEST

REPEAT

2

REPEAT

4

5

REPEAT

6

7

REPEAT

REPEAT

10

REPEAT

12

REPEAT

14

15

REPEAT

16

17

REPEAT

18

REPEAT

20

21

REPEAT

22

23

REPEAT

24

25

REPEAT

26

27

REPEAT

28

REPEAT

30

31

REPEAT

32

33

REPEAT

34

35

REPEAT

36

37

REPEAT

38

39

REPEAT

40

41

REPEAT

42

43

REPEAT

44

45

REPEAT

46

47

REPEAT

48

49

REPEAT

50

51

REPEAT

52

53

REPEAT

54

55

REPEAT

56

57

REPEAT

58

59

REPEAT

60

61

REPEAT

62

63

REPEAT

64

65

REPEAT

66

67

REPEAT

69

REPEAT

70

71

REPEAT

72

73

REPEAT

74

75

REPEAT

76

77

REPEAT

78

79

REPEAT

81

REPEAT

82

83

REPEAT

84

85

REPEAT

86

87

REPEAT

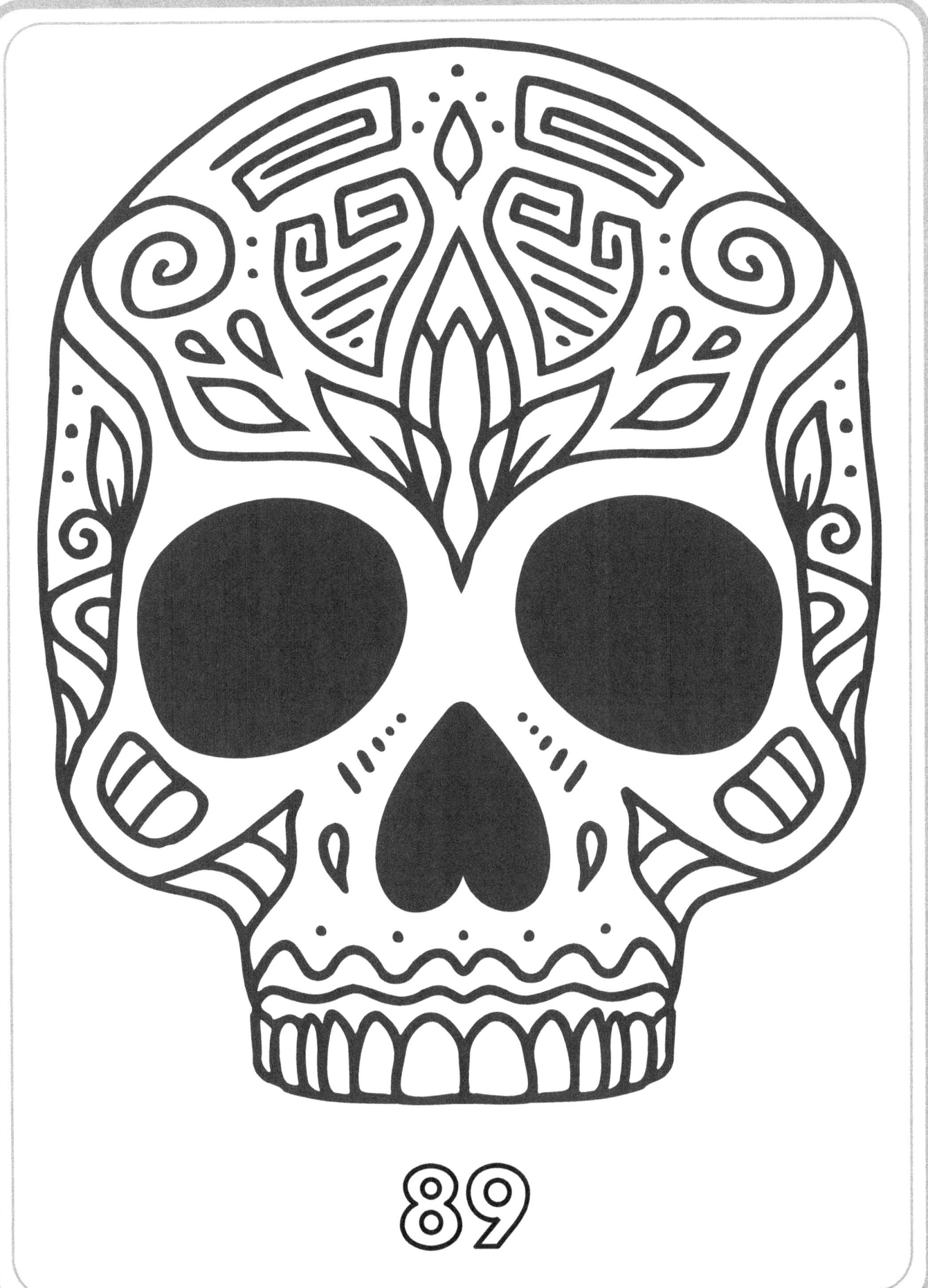

89

REPEAT

90

THANK YOU !

I HOPE YOU HAD A GREAT TIME.